Frauke Steffek

Wie geht's weiter, Leon?

Lehrerband

Persen Verlag

Gedruckt auf umweltbewusst gefertigtem, chlorfrei gebleichtem und alterungsbeständigem Papier.

1. Auflage 2009

2. Auflage 2012

Illustrationen: Mele Brink
Satz: Satzpunkt Ursula Ewert GmbH, Bayreuth

ISBN 978-3-8344-3376-3

www.persen.de

Verwendete Symbole

= Einzelarbeit

= Partnerarbeit

= Gruppenarbeit

= Wandzeitung

= Bildergeschichte

= Textarbeit / Lernzielkontrolle

= Schreibgespräch

= Rollenspiel

= Folie

= Internetrecherche

In dieser Mappe finden Sie Unterrichtsmaterialien und Ideen zur Arbeit mit dem Buch „Wie geht's weiter, Leon?“ (ISBN 978-3-8344-3375-6).
Die Lektüre ist eine Geschichte zum Mitentscheiden.

Bei meiner Arbeit als Sonderschullehrerin ist mir oft das unüberlegte Handeln der Schüler aufgefallen. Viele Jugendliche sind nicht in der Lage, Vor- und Nachteile einer **Entscheidung** abzuwägen, bevor sie agieren. Oft werden sie mit Entscheidungen alleingelassen. Diese Mappe bietet u. a. Arbeitsblätter, bei deren Bearbeitung die Schüler üben können, Entscheidungen zu treffen unter Berücksichtigung der Folgen.

Ein weiterer Schwerpunkt liegt auf dem Thema **Praktika**.
Grundlegende Fragen von der Suche eines Praktikumsplatzes bis hin zum Benehmen im Praktikum sollen die Schüler beantworten und angemessenes Verhalten einüben.

Auch Themen wie **Sekundärtugenden** und **Jugendkriminalität** finden in diesen Materialien ihren Platz, wobei ich der Jugendkriminalität keinen Vorrang eingeräumt habe, da man zu diesem Thema alleine schon ein Buch schreiben könnte. Dennoch soll den Schülern verdeutlicht werden, wie schnell man auf die schiefe Bahn geraten kann.

Die Lektüre enthält **drei verschiedene Lebensläufe**, die jeweils von Leons Entscheidung abhängen. Die Schüler sollen an mehreren Stellen in diesem Buch Vor- und Nachteile für die eine oder andere Entscheidung abwägen und sich dann an Leons Stelle entscheiden.
Damit die Schüler sehen, wie viel im Leben von manch einer Entscheidung abhängt, bietet es sich an, die drei Lebensläufe an der Wand darzustellen.
Dazu finden Sie zu jedem Kapitel einen Bogen mit kurzer Inhaltsangabe und einem Bild. Zur Differenzierung kann das Bild auch allein angeboten werden. Dann müssen die Schüler jeweils selbst eine passende Überschrift finden, die den Inhalt des Kapitels wiedergibt.
Dies bietet sich z. B. als Stundeneinstieg an. Somit wiederholen die Schüler gleich den Inhalt des bereits Gelesenen und wissen auch wieder, wo sie stehen geblieben waren.
Zur Untermalung bietet es sich zusätzlich an, einen roten Faden von Bild zu Bild zu spannen.
Durch diese Darstellung bleibt die Geschichte übersichtlich.
(Einen Plan, wie man die Bilder anordnen kann, s. S. 9.)
Nun werden Sie sich vielleicht fragen, wie man denn mit den Schüler diese ganzen Arbeitsblätter bearbeiten soll, wenn alle gerade einen anderen Lebenslauf lesen?
Mein Vorschlag dazu: Lesen Sie bis zur ersten Entscheidung und stimmen Sie dann ab. Der Lebensweg, für den sich die meisten Schüler entscheiden, wird auch zuerst gelesen. So kann man die Aufgaben zu den Lebensläufen nacheinander bearbeiten und profitiert gleichzeitig von den Ergebnissen aus den Gruppen- und Partnerarbeiten.
Damit wäre auch schon mein nächstes Stichwort gefallen: Zu jedem Kapitel finden sie **differenzierte Arbeitsbögen**.
Soweit es möglich war, habe ich mich bemüht, **Einzelarbeit (EA), Partner- (PA) und Gruppenarbeit (GA)** zu mischen. Die Arbeitsblätter sind durch entsprechende Symbole gekennzeichnet:

EA

PA

GA

Des Weiteren werden Sie in dieser Mappe auch **Kopiervorlagen – gedacht als Folien** – finden, die Sie mit dem Overheadprojektor für alle lesbar an die Wand projizieren können. Auch sie sind durch ein Symbol gekennzeichnet.

Ein weiterer Bestandteil sind Arbeitsbögen zum **Textverständnis**. Diese können z. B. auch als **Hausaufgabe** oder als **Lernzielkontrolle** verwendet werden. Auch diese Bögen sind durch ein Symbol leicht zu finden.

Um Situationen einzuüben und die Schüler sicherer werden zu lassen, finden Sie auch **Rollenspiele** in der Mappe, die ebenfalls durch ein Symbol gekennzeichnet sind.

In einem Fall gibt es dazu auch einen **Beobachtungsbogen**.

Einige Inhalte lassen sich besonders gut in der Gruppe erarbeiten, weil jeder Schüler andere Ideen und Vorstellungen zu bestimmten Themen hat. Darum finden Sie auch **Schreibgespräche** in dieser Mappe. Es empfiehlt sich also, Packpapier und dicke Filzstifte bereitzuhalten!

Die Bögen für den Lebenslauf als **Wandzeitung** sind mit folgendem Symbol gekennzeichnet:

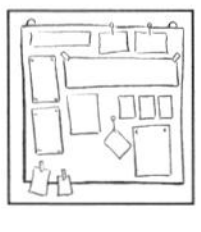

Die Kopiervorlage „Bildergeschichten aufkleben + Stichpunkte notieren" (s. S. 106) können Sie Ihren Schülern zu jedem Kapitel aushändigen, damit sie die Bilder der Bildergeschichte (z. B. M 1.5, M 2.8) in der richtigen Reihenfolge aufkleben und sich dazu Notizen machen.
Die Lösungen für die Arbeitsbögen finden Sie ab Seite 107.
Nun wünsche ich Ihnen viel Spaß mit diesem Unterrichtsprojekt.

Frauke Steffek

Der rote Faden (Vorschlag für ein Wandbild zur Orientierung)

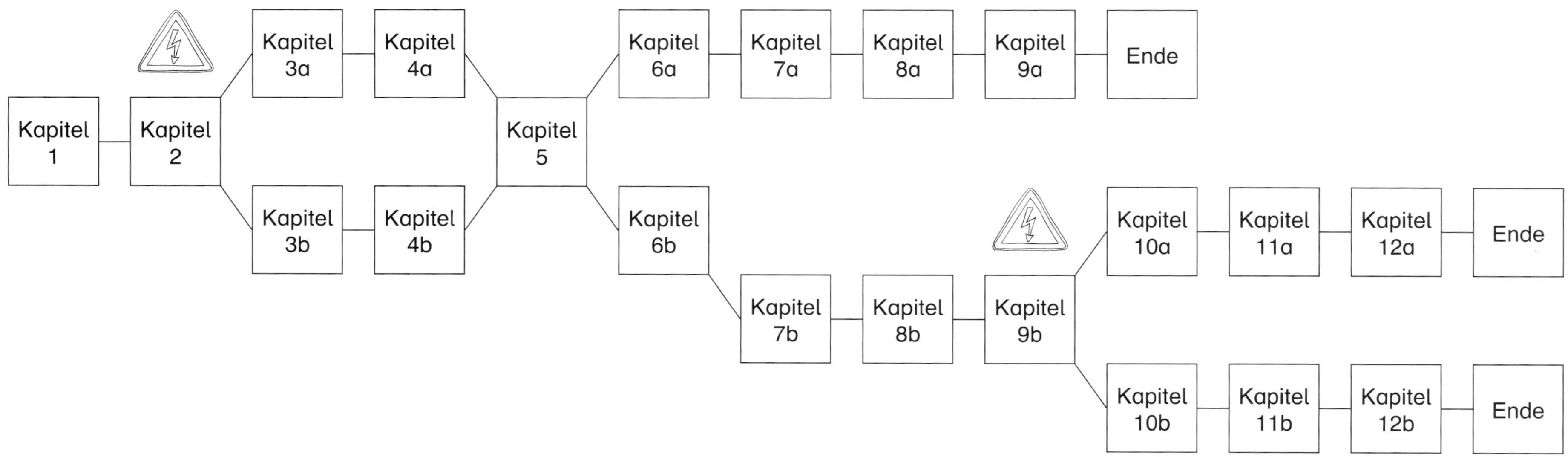

Ende 1: positiver Verlauf (nach Kapitel 9a)
Ende 2: negativer Verlauf mit positivem Ende (nach Kapitel 12a)
Ende 3: negativer Verlauf (Worst Case) (nach Kapitel 12b)

: Entscheidungspunkt (Ab hier kann jeweils ein anderer Lebenslauf weitergelesen werden!)

Anmerkung: Die unterschiedlichen Wege von Kapitel 5 entscheiden sich schon nach Kapitel 2!

Ich suche einen Praktikumsplatz.

Es gibt verschiedene Arten, sich einen Praktikumsplatz zu suchen.
Zähle auf:

____

Welche Art der Bewerbung um einen Praktikumsplatz würdest du besser finden?

Vorteile Telefonat:

(+)
1. ______________________
2. ______________________
3. ______________________

Nachteile Telefonat:

(−)
1. ______________________
2. ______________________
3. ______________________

Vorteile, wenn der Bewerber sich persönlich vorstellt:

(+)
1. ______________________
2. ______________________
3. ______________________

Nachteile, wenn der Bewerber sich persönlich vorstellt:

(−)
1. ______________________
2. ______________________
3. ______________________

Was soll ich denn sagen ...

Kennst du das? Da stehst du nun. Entweder vor dem Telefon oder vor der Tür deines Betriebes. Plötzlich weißt du gar nicht, was du sagen sollst ...

Hier ein paar wichtige Tipps:

1. **Melde dich mit deinem vollen Namen (Vor- und Nachname).**
2. **Erzähle, von welcher Schule du kommst.**
3. **Äußere deinen Praktikumswunsch!**
4. **Nenne den genauen Zeitraum des Praktikums.**

Guten Tag,

mein Name ist ______________________________ .

Ich bin von der ______________________________ Schule und

besuche die __________ Klasse.

Ich würde gerne ein Praktikum als ______________________________

in Ihrem Betrieb machen.

Das Praktikum findet in der Zeit vom ____________________ bis

zum ____________________ statt.

Wäre das möglich?

Wenn du eine **Absage** bekommst: Lass den Kopf nicht hängen und versuche es woanders!

Wenn du eine **Zusage** bekommst: Lass dir bitte folgende Fragen beantworten:

1. **Um wie viel Uhr soll ich da sein?** ____________________
2. **Muss ich etwas Bestimmtes mitbringen (z. B. Arbeitskleidung, Sicherheitsschuhe, Gesundheitszeugnis etc.)?**
3. **Wie heißt mein Ansprechpartner?** ____________________

Übt das Telefongespräch in einem Rollenspiel.
Jeder soll einmal Schüler und einmal Chef sein!
Macht euch Notizen!

Name:	ja	unvollständig	nein
… hat seinen/ihren vollen Namen genannt.	☐	☐	☐
… hat den Namen eurer Schule und eure Klasse genannt.	☐	☐	☐
… hat deutlich gesprochen.	☐	☐	☐
… konnte seinen/ihren Praktikumswunsch mitteilen.	☐	☐	☐
… hat das genaue Datum genannt.	☐	☐	☐
… hat Fragen gestellt oder auf Rückfragen gewartet.	☐	☐	☐
… hat sich bedankt und verabschiedet.	☐	☐	☐
Name:	ja	unvollständig	nein
… hat seinen/ihren vollen Namen genannt.	☐	☐	☐
… hat den Namen eurer Schule und eure Klasse genannt.	☐	☐	☐
… hat deutlich gesprochen.	☐	☐	☐
… konnte seinen/ihren Praktikumswunsch mitteilen.	☐	☐	☐
… hat das genaue Datum genannt.	☐	☐	☐
… hat Fragen gestellt oder auf Rückfragen gewartet.	☐	☐	☐
… hat sich bedankt und verabschiedet.	☐	☐	☐

Hat eure Mitschülerin/euer Mitschüler mehr als 2 *nein* angekreuzt, dann übt das Gespräch noch einmal!

Übt das persönliche Gespräch!
Jeder soll einmal Schüler und einmal Chef sein!
Macht euch Notizen!

Name:	ja	unvollständig	nein
… hat angeklopft.	☐	☐	☐
… hat dem Chef freundlich die Hand geschüttelt.	☐	☐	☐
… hat abgewartet, bis er/sie einen Platz angeboten bekam.	☐	☐	☐
… hat seinen/ihren vollen Namen genannt.	☐	☐	☐
… hat den Namen eurer Schule und eure Klasse genannt.	☐	☐	☐
… hat deutlich gesprochen.	☐	☐	☐
… konnte seinen/ihren Praktikumswunsch mitteilen.	☐	☐	☐
… hat das genaue Datum genannt.	☐	☐	☐
… hat Fragen gestellt oder auf Rückfragen gewartet.	☐	☐	☐
… hat sich bedankt und verabschiedet.	☐	☐	☐

Hier könnt ihr noch zusätzliche Notizen machen:

____

____

____

Hat eure Mitschülerin/euer Mitschüler mehr als 2 *nein* angekreuzt, dann übt das Gespräch noch einmal!

1.  **Schneide die Bilder aus!**

2.  **Ordne sie in der richtigen Reihenfolge!**

Leon möchte sein Schulpraktikum unbedingt in einer Motorradwerkstatt machen.

Mein Praktikumsberuf

Leon ist unglücklich, weil er im Praktikum jeden Tag fegen muss.
Er hat nicht daran gedacht, dass es Berufe gibt, bei denen man im Praktikum nicht allzu viel machen kann, weil man für diese Arbeit eine Ausbildung benötigt.
Bevor du dir einen Praktikumsplatz auswählst, solltest du dir zu deinem Praktikumsberuf ein paar Überlegungen machen und dich informieren!

Diesen Beruf möchte ich gerne kennenlernen: ______________________

Dieser Beruf interessiert mich, weil ______________________

____

Folgende Aufgaben werde ich als Praktikant vielleicht erledigen können:

____

____

Meinen Tagesablauf als Praktikant in diesem Betrieb stelle ich mir so vor:

- Arbeitsbeginn um ____________ Uhr
- ______________________
- ______________________
- Mittagspause von ____________ – ____________ Uhr
- ______________________
- ______________________
- Feierabend um ____________ Uhr

Muss ich als Praktikant dort besondere Anforderungen erfüllen?

☐ nein

☐ ja

Wenn ja, welche?

____

____

Fegen und Kaffee kochen als Praktikum?

1. Überlegt in kleinen Gruppen: Welche Berufe beinhalten höhere Qualifikationen (viel Können und Wissen), sodass ihr wohl hauptsächlich fegen, Kaffee kochen, zuschauen und aufräumen dürft?

Beruf: ______________________

Tätigkeitsfelder:

Welche dieser Tätigkeiten kann ich als Praktikant wohl ausführen?

Beruf: ______________________

Tätigkeitsfelder:

Welche dieser Tätigkeiten kann ich als Praktikant wohl ausführen?

Beruf: ______

Tätigkeitsfelder:

______

______

______

Welche dieser Tätigkeiten kann ich als Praktikant wohl ausführen?

______

______

- -

2. Kommt für euch so ein Praktikumsplatz trotzdem infrage?

Name: ______

☐ Ja, weil ______

☐ Nein, weil ______

Name: ______

☐ Ja, weil ______

☐ Nein, weil ______

Name: ______

☐ Ja, weil ______

☐ Nein, weil ______

Fegen und Kaffee kochen als Praktikum?

1. Überlegt in kleinen Gruppen, welche von diesen Berufen viel Können und Wissen beinhalten, sodass ihr wohl hauptsächlich fegen, Kaffee kochen, zuschauen und aufräumen dürft?

Hier sind einige Berufe aufgelistet:

Friseurin Automechatroniker Zweiradmechaniker Verkäuferin Kosmetikerin Autohändler

Beruf: ____________________

Tätigkeitsfelder:

____

____

____

Welche dieser Tätigkeiten kann ich als Praktikant wohl ausführen?

____

____

Beruf: ____________________

Tätigkeitsfelder:

____

____

____

Welche dieser Tätigkeiten kann ich als Praktikant wohl ausführen?

____

____

Beruf: ____________________

Tätigkeitsfelder:

____

____

____

Welche dieser Tätigkeiten kann ich als Praktikant wohl ausführen?

____

____

Beruf: ______________________

Tätigkeitsfelder:

____

____

____

Welche dieser Tätigkeiten kann ich als Praktikant wohl ausführen?

____

____

Beruf: ______________________

Tätigkeitsfelder:

____

____

____

Welche dieser Tätigkeiten kann ich als Praktikant wohl ausführen?

____

____

2. Kommt für euch so ein Praktikumsplatz trotzdem infrage?

Name: ______________________________________

☺ **Ja,** weil ______________________________________

☹ **Nein,** weil ______________________________________

Name: ______________________________________

☺ **Ja,** weil ______________________________________

☹ **Nein,** weil ______________________________________

Name: ______________________________________

☺ **Ja,** weil ______________________________________

☹ **Nein,** weil ______________________________________

Wie geht's weiter, Leon?

Leon ist wütend. Als Martin sich über ihn lustig macht, rastet er aus.
Er schlägt Martin ins Gesicht und läuft davon.
Die sehen ihn nicht wieder! Oder doch?
Leon ist ratlos. Was soll er tun?

1. **Überlegt, welche Möglichkeiten Leon jetzt hat!**
2. **Überlegt dann, welche Vor- und welche Nachteile die jeweilige Entscheidung hätte.**
3. **Entscheidet euch für eine Möglichkeit. Begründet, warum ihr euch so verhalten würdet.**

Leon entscheidet sich ______________________________
(Möglichkeit 1)

Vorteile dieser Entscheidung:

____

____

____

____

____

Nachteile dieser Entscheidung:

____

____

____

____

____

Name: Datum:

Leon entscheidet sich ______________________________

(Möglichkeit 2)

Vorteile dieser Entscheidung:

____

____

____

____

____

Nachteile dieser Entscheidung:

____

____

____

____

____

Leon sollte sich für Möglichkeit ________ entscheiden, weil …

____

____

____

Diese Entscheidung hätte zur Folge, dass …

____

____

____

1.  **Schneide die Bilder aus!**

2. 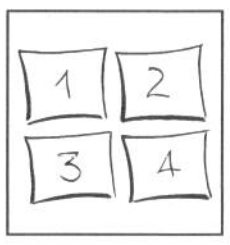

Ordne sie in der richtigen Reihenfolge!

Im Praktikum kommt es zu einem Streit mit einem Kollegen. Leon wird handgreiflich. Anschließend haut er ab.

Ich brauche mal deinen Rat ...

Kennst du das?
Manchmal sitzt man in der Klemme und weiß einfach nicht, was man machen soll.
In so einem Fall holt man sich am besten Rat von jemandem.

1. Wer kann dir helfen, wenn du mal nicht weiterweißt?

____

____

2. Zu wem würdest du mit folgenden Problemen gehen?

a) Probleme mit Freund oder Freundin:

____

b) Schwierigkeiten in der Schule:

____

c) Hilfe bei der Planung deiner beruflichen Zukunft:

____

d) Probleme mit den Eltern:

____

e) Streit mit Geschwistern:

____

f) Schwierigkeiten im Praktikum:

____

3. Warum kann es hilfreich sein, andere nach ihrer Meinung zu fragen?

4. Leon geht mit seinen Problemen zu Onur.
a) Zähle auf, an wen sich Leon noch hätte wenden können.
b) Vermute, warum er es wohl *nicht* getan hat.

1. Person:

Gründe, die dagegen sprechen:

2. Person:

Gründe, die dagegen sprechen:

3. Person:

Gründe, die dagegen sprechen:

5. Welchen Rat hättest du Leon gegeben?

6. Warum hättest du ihm das geraten?

Gewissensbisse

1. Wie macht sich bei dir ein schlechtes Gewissen bemerkbar?

____

____

2. Suche die Sätze aus dem Kapitel heraus, die zeigen, dass Leon ein schlechtes Gewissen hat!

Seite __________, **Zeile** __________

____

____

Seite __________, **Zeile** __________

____

____

Seite __________, **Zeile** __________

____

____

Seite __________, **Zeile** __________

____

____

3. Was hilft dir bei einem schlechten Gewissen?

____

____

____

Sorry seems to be the hardest word …
(Entschuldigung scheint das schwerste Wort zu sein)

… so heißt es in einem Lied.

1. Warum fällt es Menschen so schwer, sich zu entschuldigen?

____

____

____

____

2. Gibt es Taten, für die man sich nicht entschuldigen kann?

____

____

3. Welche Möglichkeiten gibt es, sich zu entschuldigen?

____

4. Leon überlegt.

Was spricht für eine Entschuldigung, was spricht dagegen? Füllt gemeinsam die Denkblasen aus. Gebt Leons Gedanken in eigenen Worten wieder!

1.  **Schneide die Bilder aus!**

2.  **Ordne sie in der richtigen Reihenfolge!**

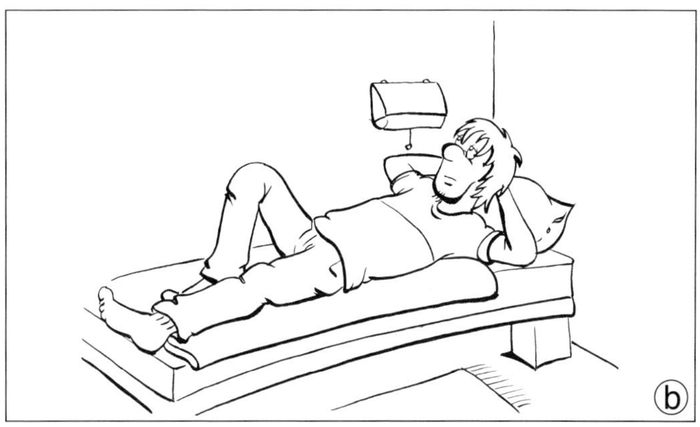

Leon geht in den Betrieb und entschuldigt sich.

Wie war das noch?

Kreuze an!

1. Leon beschließt ...
- ☐ a) seinem Vater nichts vom Ärger im Praktikum zu erzählen.
- ☐ b) seinem Vater vom Ärger im Praktikum zu erzählen.

2. Leon will ...
- ☐ a) Herrn Lahm um Rat fragen.
- ☐ b) Herrn Lahm möglichst nicht begegnen.

3. Darum ...
- ☐ a) geht er nach draußen.
- ☐ b) schließt er sich in seinem Zimmer ein.
- ☐ c) geht er zu Onur.

4. Leon hat ...
- ☐ a) Angst.
- ☐ b) Durst.
- ☐ c) Hunger.

5. Er geht ...
- ☐ a) in einen Supermarkt.
- ☐ b) in eine Bäckerei.
- ☐ c) in ein Café.
- ☐ d) zur Tankstelle.

6. Dort ...
- ☐ a) kauft er sich einen Kuchen.
- ☐ b) klaut er sich ein Brötchen.
- ☐ c) kauft er sich ein Brötchen.
- ☐ d) klaut er sich eine Tiefkühlpizza.

7. Leon wird ...
- ☐ a) erwischt.
- ☐ b) nicht erwischt.
- ☐ c) beobachtet.
- ☐ d) angezeigt.

8. Vor dem Supermarkt packt ihn ...
- ☐ a) sein Vater.
- ☐ b) die Polizei.
- ☐ c) Herr Schulze.
- ☐ d) Herr Lahm.

9. Herr Lahm ...
- ☐ a) will mit Leon reden.
- ☐ b) bringt ihn in den Betrieb zurück.

Leon muss nachdenken

**1. Welche Gedanken gehen ihm durch den Kopf?
Fülle die Denkblasen aus!**

1.  **Schneide die Bilder aus!**

2. 

Ordne sie in der richtigen Reihenfolge!

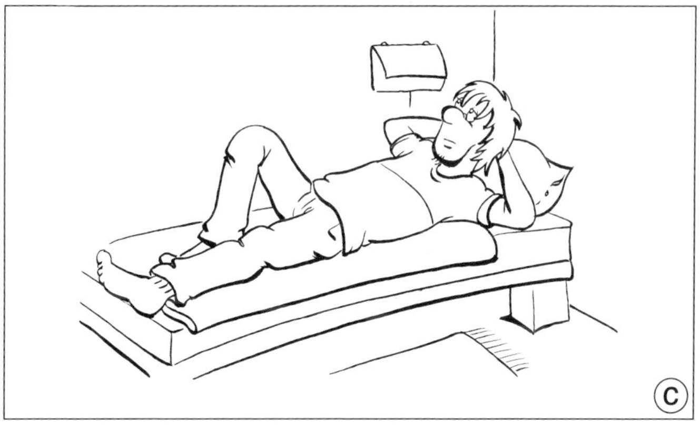

Leon schwänzt das Praktikum. Er wird von Herrn Lahm dabei erwischt.

Ein gutes Praktikum

Am Ende hat Leon sein Praktikum doch noch gut gemacht.

1. Lies noch einmal genau. Schreibe heraus, was Leon getan hat, damit sein Praktikum doch noch erfolgreich wird!

____

____

____

____

____

____

____

2. Was kannst du für ein gutes Praktikum tun?

a) Was kommt bei meinen Kollegen und beim Chef gut an?

1. ______________________________
2. ______________________________
3. ______________________________
4. ______________________________
5. ______________________________
6. ______________________________

b) Wie kann ich eine gute Note in der Praktikumsmappe bekommen?

1. ______________________________
2. ______________________________
3. ______________________________
4. ______________________________
5. ______________________________
6. ______________________________

Bevor ich rumstehe, frage ich lieber nach,
was ich nun tun kann!

Ich begrüße morgens meine Kollegen und verabschiede mich,
wenn ich gehe!

Meine Mappe führe ich sauber und ordentlich!

Ich bin immer pünktlich!

Die Praktikumsmappe führe ich jeden Tag!

Ich räume immer auf, wenn ich eine Arbeit erledigt habe.

Mit Bildern und/oder Zeichnungen kann ich meine Mappe
aufpeppen.

Wenn ich rumstehe, suche ich mir Arbeit.

Ich versuche zu sehen, was noch gemacht werden muss.

Ich bin immer freundlich!

Ich frage nach, wenn ich etwas nicht verstehe!

Meine Mappe gebe ich pünktlich ab!

Mein Berufswunsch

Name: ______________________

Berufswunsch: ______________________

Diesen Beruf möchte ich erlernen, weil …

____

____

Deswegen eigne ich mich besonders für diesen Beruf:

____

____

____

____

Ich muss dafür folgenden Schulabschluss haben:

____

Ich habe diesen Beruf kennengelernt durch …

____

Folgendes muss man in diesem Beruf leisten:

____

____

____

Bei diesen Anforderungen muss ich mich sehr anstrengen:

____

____

Den Beruf kann ich …

☐ vor Ort erlernen/ausüben.

☐ nur woanders erlernen/ausüben.

1.  **Schneide die Bilder aus!**

2.  **Ordne sie in der richtigen Reihenfolge!**

Leon gibt sich im Praktikum jetzt richtig Mühe und bekommt eine gute Note.

Und jetzt?

Endlich ist es geschafft! Wie stellst du dir die ersten Wochen nach deinem Abschluss vor?

1. Wenn ich meinen Abschluss habe, dann werde ich …

Stell dir vor, die Ferien sind zu Ende.

2. Nach den Ferien werde ich …

3. Die Agentur für Arbeit hat mir folgende Angebote gemacht:

4. Ich habe mich für folgende Maßnahme entschieden:

5. Wenn ich an diese Zeit denke, dann gehen mir folgende Fragen durch den Kopf:

Und jetzt?

Führt ein Schreibgespräch:

1. **Schiebt ein paar Tische so zusammen, dass ihr alle gut um diese Tische herumgehen könnt!**

2. **Dann nehmt ihr euch einen großen Bogen Packpapier!**

3. **Jeder Schüler/jede Schülerin bekommt einen dicken Filzstift!**

4. **Auf dem Bogen Packpapier steht in großer Schrift eine Frage. Diese Frage lautet:**

Wie stelle ich mir die Zeit nach der Schule vor?

5. **Über diese Frage denkt ihr jetzt nach, während ihr um die Tische herumgeht!**

6. **Jeder Schüler/jede Schülerin schreibt das auf, was ihm/ihr zu dieser Frage einfällt. Stichworte genügen!!!**

7. **Wenn ihr im Vorbeigehen etwas von euren Mitschülern lest, kommen euch sicherlich noch neue Einfälle. Fügt eure Ideen hinzu!**

8. **Heftet den Bogen an die Tafel und sprecht über eure Zukunftspläne!**

1.  **Schneide die Bilder aus!**

2.  **Ordne sie in der richtigen Reihenfolge!**

Leon muss Strafarbeiten in der Schule machen. Da er sich absolut nicht bemüht, bekommt er eine Sechs für sein Praktikum. Seine berufliche Zukunft ist ihm egal, er hat auf nichts Bock.

Der letzte Schultag

Endlich ist er da! Der letzte Schultag.
Zum letzten Mal siehst du deine Klassenkameraden, deine Lehrer und die Schule.

Beschreibe, wie du dir deinen letzten Schultag mit einer Abschlussfeier vorstellst!

Versuche, in deiner Beschreibung folgende Fragen zu beantworten:

- Wo werdet ihr feiern?
- Wie wird der Raum wohl aussehen?
- Was wirst du anziehen?
- Wie wirst du dich an diesem Tag fühlen?
- Wer wird dich zu deiner Abschlussfeier begleiten?
- Wie wird die Feier ablaufen?
- Würdest du auch einen Abschlussstreich machen wollen?

1.  **Schneide die Bilder aus!**

2.  **Ordne sie in der richtigen Reihenfolge!**

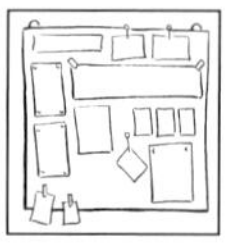

Der letzte Schultag ist da!
Leon hält sein Zeugnis
in den Händen.
Seine Zukunft ist ungewiss.

Das Bugenhagen Berufsbildungswerk Timmendorf

1. **Suche im <u>Internet</u> Informationen über das Bugenhagen Berufsbildungswerk Timmendorf heraus!**
   – Gib den Namen und Ort des Berufsbildungswerkes z. B. bei Google ein!

2. **Sammelt nun in Partnerarbeit Informationen zu folgenden Fragen:**
   a) Zählt die Berufe auf, die man im Bugenhagen Berufsbildungswerk erlernen kann!
   b) Wie kann ich einen Ausbildungsplatz im Bugenhagen Berufsbildungswerk bekommen?
   c) Wie lange dauert eine Ausbildung zum Bäckerwerker?
   d) Nennt die Ausbildungsinhalte!
   e) Muss man dort auch zur Berufsschule gehen?
   f) Wie kann man dort wohnen?
   g) Zählt einige Freizeitangebote auf!

3. **Sammelt genauere Informationen zur Ausbildung eines Berufes, der euch ganz besonders interessiert!**

4. **Gibt es so ein Berufsbildungswerk auch in eurer Nähe? Wenn ja, sucht Informationen darüber!**

5. **Tragt eure gesammelten Informationen in der Klasse zusammen.**
   (Gestaltet ein Plakat mit den Informationen über Berufsbildungswerke!)

??? Weißt du noch ... ???

Antworte auf alle Fragen in ganzen Sätzen!

1. Wo hat Leon sein Praktikum gemacht? (/1 Pkt.)

____

2. Warum war Herr Lahm von diesem Praktikumsplatz nicht begeistert? (/2 Pkt.)

____

____

____

3. Zähle Leons Probleme auf, die er in dem Betrieb hatte! (/3 Pkt.)

a) ____

b) ____

c) ____

4. Leon steckte in der Klemme. Was tat er, um dort herauszukommen? (/3 Pkt.)

____

____

____

5. Welche Folgen hatte sein Verhalten? (/1 Pkt.)

____

6. Nun hat Leon seinen Abschluss. Welches Angebot bekommt er von der Agentur für Arbeit? (/1 Pkt.)

____

7. Was für eine Ausbildung soll er dort machen? (/1 Pkt.)

____

8. Wie reagiert Leon zunächst auf das Angebot? (/2 Pkt.)

____

____

ges. (/14 Punkten) Note:

1.  **Schneide die Bilder aus!**

2.  **Ordne sie in der richtigen Reihenfolge!**

Leon erfährt, dass er seinen Traumberuf nicht erlernen kann. Er bekommt eine Ausbildung zum Bäckerwerker in einem Berufsbildungswerk angeboten.

Rechte und Pflichten zu Hause

Leon hat keine Lust, seinem Vater zu Hause zu helfen.
Überlege mit einem Partner:

1. **Welche Rechte habt ihr bei euch zu Hause?**

___
___
___

2. **Welche Pflichten habt ihr zu Hause?**

___
___
___

3. **Was tun eure Eltern, wenn ihr eure Pflichten nicht erledigt?**

___
___

4. **Beschreibt, wie Leons Vater auf Leons Verhalten reagiert!**

___
___
___

5. **Stellt euch vor, ihr wärt Leons Vater! Was genau würdet ihr Leon sagen?**

___
___
___

6. **Was würde Leon darauf wohl antworten?**

___
___

7. **Spielt diese Situation in einem Rollenspiel nach. Einer spielt Leon und einer den Vater.**

8. **Sprecht in der Klasse darüber, warum Rechte und Pflichten zu Hause für alle gelten müssen!**

Und wenn ich kein Geld habe ...

Leon ist dauerpleite.

1. **Zähle auf, was Leon und seine Kumpels tun, um an Geld und Essen zu kommen!**

2. **Welches Risiko geht er dabei ein?**

3. **Was denkst du: Begeht Leon eine Straftat, wenn er Kindern Essen klaut und Geld erpresst? Begründe!**

4. **Wie bewertest du Leons Verhalten? Begründe!**

5. **Bekommst du Taschengeld?**
   Wenn ja: Wie viel?
   Wenn nein: Von welchem Geld bezahlst du Dinge, die du haben möchtest?

6. **Zähle auf, wofür du dein Taschengeld ausgibst!**
   -
   -
   -
   -
   -

7. **Welche Möglichkeiten nutzt du, um an Geld zu kommen, wenn das Taschengeld nicht reicht?**

8. **Zähle Möglichkeiten auf, die Leon hätte, um an Geld zu kommen!**

1.  **Schneide die Bilder aus!**

2.  **Ordne sie in der richtigen Reihenfolge!**

a

b

c

d

Kapitel 6b

Leon chillt mit seinen Freunden. Um an Geld zu kommen, ziehen sie kleine Kinder ab. Seine Freunde kommen nach und nach beruflich unter. Leon ist pleite und will schnell an Geld kommen.

Wie geht's weiter, Leon?

Stell dir vor, du wärst an Leons Stelle!
Wie würdest du dich entscheiden?
Beantworte folgende Fragen und entscheide dich dann!

1. **Wärst du bereit, einen anderen Beruf als deinen Traumberuf zu erlernen? Begründe!**

____

2. **Könntest du dir vorstellen, in so einem Internat zu leben? Begründe!**

____

3. **Liste die Vorteile von einem Berufsbildungswerk auf!**

____
____
____
____

4. **Liste die Nachteile von einem Berufsbildungswerk auf!**

____
____
____
____

5. **Wie würdest du dich an Leons Stelle entscheiden? Begründe!**

____
____
____
____

1. **Schneide die Bilder aus!**

2. **Ordne sie in der richtigen Reihenfolge!**

Leon besichtigt mit seinem Vater das Berufsbildungswerk. Es gefällt ihm dort. Er erzählt seinen Freunden davon. Sie raten ihm, den Platz anzunehmen.

Dunkle Kreise

Leon benötigt dringend Geld.

1. Schreibe auf, was Leon tut, um an Geld zu kommen:

2. Zähle Vor- und Nachteile der geplanten Aktion auf:

Vorteile:

Nachteile:

3. Wie könnte Leon auf ehrliche Weise an Geld kommen?

4. Zähle dafür Vor- und Nachteile auf:

Vorteile:

Nachteile:

5. Für welche Art und Weise würdest du dich entscheiden? Begründe deine Entscheidung!

Leon war bei der Planung des Überfalls dabei.

7. Überlege, ob er jetzt noch aussteigen könnte! Was kann passieren? Was muss er tun?

Wie war das noch?

Kreuze den jeweils richtigen Satz an!

1. Leon hat sein Praktikum geschmissen, weil ...
- ☐ a) er beim Rauchen erwischt wurde.
- ☐ b) sein Chef ihn beleidigt hat.
- ☐ c) sein Kollege Martin ihn schikaniert hat.

2. Leon hat die restliche Praktikumszeit ...
- ☐ a) gefaulenzt.
- ☐ b) Strafarbeiten in der Schule bekommen.
- ☐ c) geschwänzt.

3. Seinem Vater hat Leon ...
- ☐ a) nichts davon erzählt.
- ☐ b) alles gebeichtet.
- ☐ c) viel geholfen.

4. Zu Hause ...
- ☐ a) trägt Leon nur den Müll runter.
- ☐ b) muss Leon viel helfen.
- ☐ c) muss Leon gar nichts machen.

5. Als Leon sein Zeugnis hat ...
- ☐ a) kümmert er sich um einen Ausbildungsplatz.
- ☐ b) faulenzt er nur.
- ☐ c) geht er arbeiten.

6. Am Badesee ...
- ☐ a) beklaut er Kinder.
- ☐ b) lernt er neue Leute kennen.
- ☐ c) beklaut er alte Leute.

7. Onur und Kira ...
- ☐ a) haben sich um nichts gekümmert.
- ☐ b) haben auch keine Berufsaussichten.
- ☐ c) finden einen Ausbildungsplatz.

8. Als Leon alleine ist ...
- ☐ a) lernt er Florian, Marcel und Haki kennen.
- ☐ b) lernt er Fabian, Murat und Hakim kennen.
- ☐ c) lernt er Fabian, Mike und Hakan kennen.

9. Leons neue Freunde ...
- ☐ a) planen eine Party.
- ☐ b) planen einen Überfall.
- ☐ c) planen einen Mord.

1.  **Schneide die Bilder aus!**

2.  **Ordne sie in der richtigen Reihenfolge!**

a

b

c

d

Leon lernt neue Leute kennen.
Die Jungs sind älter als er.
Sie planen einen Überfall auf eine Tankstelle.

Regeln für alle

Regeln können manchmal ganz schön nerven!
Aber manchmal freuen wir uns auch, dass es Regeln gibt.

1. Welche Regeln habt ihr in der Klasse? Zähle sie auf!

2. Welche Regeln habt ihr in der Schule? Nenne einige von ihnen!

3. Welche Regeln gelten bei euch zu Hause? Zähle sie auf!

4. Wo stehen die Regeln, die für alle Menschen in diesem Land gelten?

5. Wie würde die Welt wohl ohne Regeln aussehen? Überlege dir die Folgen für folgende Bereiche:

Familie: ______________________________

____

____

Schule: ______________________________

____

____

Klasse: ______________________________

____

____

Sport: ______________________________

____

____

Straßenverkehr: ______________________________

____

____

Gesellschaft: ______________________________

____

____

6. Würde ein Leben ohne Regeln aus deiner Sicht funktionieren? Begründe!

____

____

Regeln? Wozu?

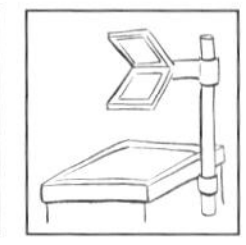

1. Teilt euch in Gruppen auf!

2. Nehmt euch einen Bogen Packpapier oder Karton!

3. Jede/Jeder bekommt einen dicken Filzstift.

4. Teilt den Bogen in zwei Hälften auf.

5. In die eine Hälfte schreibt ihr in die Mitte das Wort **Regeln** und macht ein **+** dahinter.
   Hier sollt ihr alles hineinschreiben, was an Regeln **gut** ist.

6. In die andere Hälfte schreibt ihr in die Mitte das Wort **Regeln** und macht dahinter ein **–.**
   Hier sollt ihr alles hineinschreiben, was an Regeln **schlecht** ist.

Regeln +	**Regeln –**

7. Geht nun um den Bogen herum und schreibt alles auf, was ihr gut und schlecht an Regeln findet.

8. Vielleicht lest ihr etwas von einem Gruppenmitglied, was ihr gerne ergänzen möchtet. Dann schreibt ihr eure Ergänzung dazu!

9. Hängt eure Plakate an der Tafel auf, wenn ihr fertig seid.

10. Sprecht in der Klasse über das, was ihr geschrieben habt.

1.  **Schneide die Bilder aus!**

2. 

Ordne sie in der richtigen Reihenfolge!

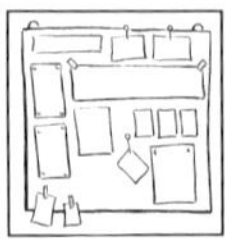

Leon zieht in das Berufsbildungswerk. An die festen Regeln und Zeiten muss er sich erst gewöhnen.
Am Strand sieht er ein schönes Mädchen.

§ Rechtslexikon §

Leon hat eine Straftat begangen.
Aber was ist eigentlich eine Straftat und
ab wann kann man dafür bestraft werden?

Damit du den Durchblick behältst, steht hier das Wichtigste:

Man unterscheidet folgende Straftaten:	**Was versteht man darunter?**	**Welche Strafe gibt es?**
Ordnungswidrigkeit	Z. B.: – Lärmbelästigung – Rad fahren ohne Licht – Falsche Namensangabe gegenüber einem Polizisten …	Geldbuße
Vergehen (leichte Straftaten)	Z. B.: – Schwarzfahren – Beleidigung – Graffiti – Hacken – Ladendiebstahl …	Bei Erwachsenen: – Weniger als 1 Jahr Freiheitsstrafe – Geldstrafe
Verbrechen (schwere Straftaten)	– Raub (z. B.: Diebstahl mit Gewaltanwendung) – Schwere Körperverletzung (bleibende Schäden beim Verletzten) – Mord	Bei Erwachsenen: – Mindestens ein Jahr Gefängnis – Hohe Geldstrafe

Was bedeutet eigentlich … ???

… fahrlässig: Du hast nicht aufgepasst und unabsichtlich jemandem Schaden zugefügt.

… vorsätzlich: Du hast absichtlich jemandem Schaden zugefügt, weil du dir davon einen Vorteil erhofft hast oder jemandem absichtlich wehtun wolltest.

§ Rechtslexikon §

1. Hat Leon den Überfall fahrlässig oder vorsätzlich begangen? Begründe!

2. Was für eine Straftat ist ein Überfall? Schau in der Tabelle nach!

3. Schau dir die Alterstabelle an!

Zu welcher Altersgruppe zählt Leon?

Alter	**Täter ist**	**Strafrechtliche Einordnung**
Bis 13	Kind	Nicht strafmündig – Straftaten werden von Staatsanwaltschaft und Jugendamt registriert
14–17	Jugendlicher	Strafmündig – Straftaten werden nach dem Jugendstrafrecht beurteilt
18–20	Heranwachsender	Strafmündig
Ab 21	Erwachsener	Voll strafmündig

4. Überlege, wie seine Straftaten wohl eingeordnet werden!

Mitgehangen – mitgefangen?
Oh ja! Wenn du eine Straftat in einer Gruppe begehst, kann jeder einzelne dafür belangt werden. Dabei ist es völlig egal, ob du nur „Schmiere“ gestanden hast oder vielleicht auch nur zufällig mitbekommen hast, dass Bekannte von dir eine Straftat planen!

Schweigen bei der Polizei erlaubt?
Wenn du dich selbst belasten würdest, ist schweigen durchaus erlaubt. Deinen Namen, Wohnort etc. musst du allerdings angeben.

1.  **Schneide die Bilder aus!**

2. 

Ordne sie in der richtigen Reihenfolge!

(a)

(b)

(c)

(d)

Der Überfall misslingt. Leon wird von der Polizei geschnappt.

Abschlussquiz

1. Teilen Sie kleine Zettelchen an die Schüler aus.
2. Jeder Schüler bekommt drei Zettel.
3. Auf jeden Zettel sollen die Schüler jeweils ein A, B und C schreiben.
4. Nun stellen Sie die Fragen.
5. Die Schüler halten anschließend den Buchstaben für die richtige Antwort hoch.
6. Jeder Schüler mit der richtigen Antwort erhält einen Chip.
7. Wer am Ende die meisten Chips hat, ist Sieger!

1. Leons Lehrer heißt ...
- a) Herr Lohm.
- b) Herr Flott.
- **c) Herr Lahm.**

2. Leon macht ein Praktikum ...
- a) in einer Kfz-Werkstatt.
- b) in einer Tankstelle.
- **c) in einer Motorradwerkstatt.**

3. Es kommt dort zu einem Streit zwischen ...
- a) ihm und seinem Chef.
- **b) ihm und Martin.**
- c) ihm und Marcell.

4. Leon wird von ... überredet, sich zu entschuldigen.
- a) seinem Vater
- b) seinem Lehrer
- **c) Onur**

5. Von da an ...
- **a) gibt sich Leon Mühe.**
- b) gibt es noch öfter Probleme.
- c) ist Leon der Held.

6. Für das Praktikum bekommt er ...
- a) eine 1.
- b) eine 3.
- **c) eine 2.**

7. Als Leon den Abschluss hat ...
- a) weint er.
- **b) weiß er noch nicht, was kommt.**
- c) ist er traurig.

8. Leon verbringt die Ferien ...
- **a) am Badesee.**
- b) an der Tankstelle.
- c) bei einem Kumpel.

9. Leon ist ...
- **a) 16 Jahre alt.**
- b) 15 Jahre alt.
- c) 17 Jahre alt.

10. Die Agentur für Arbeit bietet ihm ...
- a) einen Ausbildungsplatz als Zweiradmechaniker.
- b) einen Ausbildungsplatz als Kfz-Servicewerker.
- **c) einen Ausbildungsplatz als Bäckerwerker.**

11. Leon ...
- **a) zögert, den Platz anzunehmen.**
- b) lehnt den Platz ab.
- c) nimmt den Platz sofort an.

12. Leons Freunde heißen ...
a) Kaya und Oman.
b) Kira und Onur.
c) Kaya und Onur.

13. Sein Vater interessiert sich ...
a) nicht besonders für Leon.
b) überhaupt nicht für Leon.
c) sehr für Leon.

14. Das Berufsbildungswerk liegt an ...
a) der Nordsee.
b) einem See.
c) der Ostsee.

15. Sein Betreuer dort heißt ...
a) Olli.
b) Jens.
c) Ralf.

16. Leon bekommt dort ...
a) ein Einzelzimmer.
b) ein Doppelzimmer.

17. Sein Mitbewohner heißt ...
a) Fabian.
b) Floyd.
c) Florian.

18. Im Berufsbildungswerk verliebt sich Leon in ...
a) Lea.
b) Lisa.
c) Leonie.

19. In seiner Freizeit geht Leon gerne ...
a) shoppen.
b) in den Computerraum.
c) an den Strand.

20. Lea und Leon kommen erstmals in Kontakt ...
a) in der Disco.
b) im Café.
c) am Strand.

21. Leon ist im Berufsbildungswerk ...
a) unglücklich.
b) glücklich.
c) unzufrieden.

1.  **Schneide die Bilder aus!**

2. 

Ordne sie in der richtigen Reihenfolge!

Leon und Lea kommen zusammen.
Er ist glücklich im Berufsbildungswerk.

Wie geht's weiter, Leon?

Leon hat eine Anzeige wegen versuchten Diebstahls bekommen.
Bis zur Verhandlung dauert es noch.
Damit das Strafmaß möglichst gering ausfällt, soll Leon sich in einem Praktikum bewähren.
Stell dir vor, du bist Leon!

1. Welche Vor- und welche Nachteile hat aus seiner Sicht das Praktikum?

Vorteile: ______________________

____

____

Nachteile: ______________________

____

____

2. Was überlegt Leon als weitere Möglichkeit?

____

3. Welche Vor- und Nachteile hätte ein weiteres „krummes Ding" mit den anderen?

Vorteile: ______________________

____

____

Nachteile: ______________________

____

____

4. Wäge alle Vor- und Nachteile ab. Entscheide dich für eine Möglichkeit!

5. Wie würdest du entscheiden?
Begründe deine Entscheidung!

Weitreichende Folgen

1. Überlegt, welche Auswirkungen Leons Entscheidung hat!

Praktikum

„krumme Touren“

Was könnte Leon dadurch erreichen?

Praktikum	„krumme Touren“
– ______________________	– ______________________
– ______________________	– ______________________
– ______________________	– ______________________

Welche Möglichkeiten hätte er anschließend?

Praktikum	„krumme Touren“
– ______________________	– ______________________
– ______________________	– ______________________

Wie würde sein Leben dann wohl weitergehen?

Praktikum	„krumme Touren“
– ______________________	– ______________________
– ______________________	– ______________________
– ______________________	– ______________________
– ______________________	– ______________________

Welche Vorteile hätte er davon?

–	–
–	–
–	–
–	–

Welche Nachteile hätte er davon?

–	–
–	–
–	–
–	–

2. Schreibt auf, für welche Möglichkeit sich jeder Einzelne entscheiden würde! Jeder soll seine Entscheidung auch begründen!

Name:

Entscheidung:

Warum?

Name:

Entscheidung:

Warum?

Name:

Entscheidung:

Warum?

Name:

Entscheidung:

Warum?

1.  **Schneide die Bilder aus!** 

2. 

Ordne sie in der richtigen Reihenfolge!

Bei der Polizei schweigt Leon. Ihm wird ein Sozialpädagoge zugeteilt. Leon soll sich in einem Praktikum bewähren, damit seine Strafe gering ausfällt.
Als Garten- und Landschaftsbauer will er nicht arbeiten.
Er überlegt, wieder zu seinen Kumpels zu gehen.

Lehrjahre sind keine Herrenjahre

Leon ist genervt. Schon wieder muss er fegen! Sein Chef erzählt ihm, dass er früher auch wochenlang Unkraut jäten musste …

1. Überlegt, was die Redensart „Lehrjahre sind keine Herrenjahre“ bedeutet! Sammelt eure Ideen.

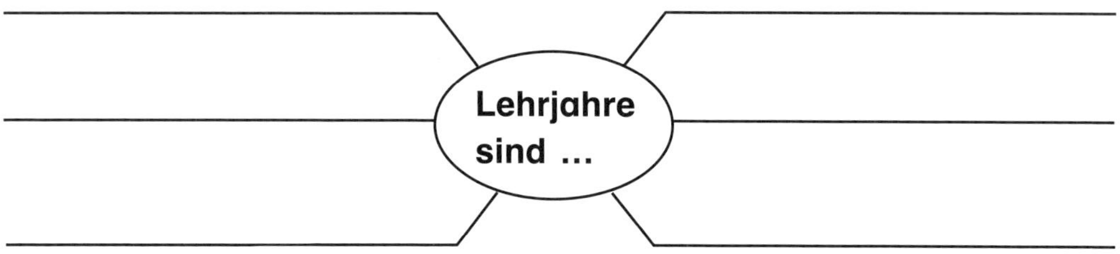

2. Vielleicht hat der eine oder andere von euch auch schon Erfahrungen mit dieser Redensart gemacht …

Wer? ______________________________

____

Wobei? ______________________________

____

____

Wie hast du reagiert? ______________________________

____

____

____

Wie hat dein Gegenüber da reagiert? ______________________________

____

3. Jeder von euch schreibt bitte in eine Gedankenblase, was er über diese Redensart denkt!

4. Besprecht eure Erfahrungen und Meinungen in der Klasse! Versucht dabei, folgende Fragen zu beantworten:

- Wozu könnte diese Redensart dienen?
- Hilft es euch, zu wissen, dass jeder mal klein angefangen hat? Begründet eure Meinung!
- Kennt ihr noch andere, ähnliche Redensarten? Sammelt sie an der Tafel!
- Was denkt ihr: Hat es Leon geholfen, als sein Chef ihm erzählt hat, dass er auch mal klein angefangen hat? Begründet eure Meinung!

1.  **Schneide die Bilder aus!**

2.  **Ordne sie in der richtigen Reihenfolge!**

Leon geht zum Praktikum. Nun muss er schon wieder fegen.

Wie geht’s weiter, Leon?

Leon denkt nach: **Was soll er nun tun? Wo soll er nun hin?**

1. Schreibt auf, was ihr an seiner Stelle tun würdet!

3. Schreibt auf, wo ihr jetzt hingehen würdet!

2. Was wären die Folgen?

____

____

____

4. Was wären die Folgen?

____

____

____

1.  **Schneide die Bilder aus!**

2.  **Ordne sie in der richtigen Reihenfolge!**

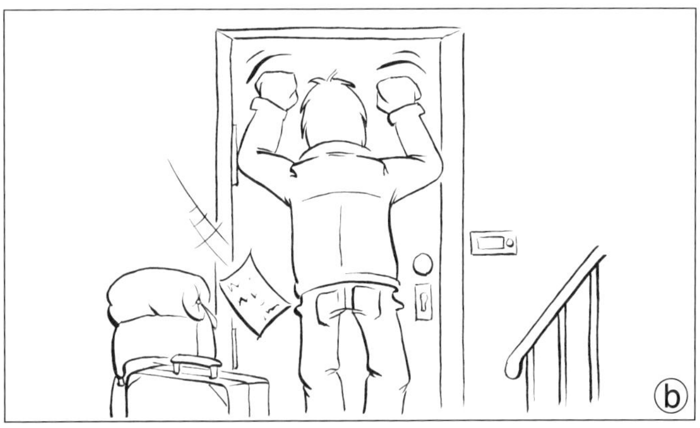

Leon trifft Fabian und die anderen.

Sie planen den nächsten Überfall.
Leon will mitmachen.
Sein Vater schmeißt ihn aus der Wohnung.
Leon ist jetzt obdachlos.

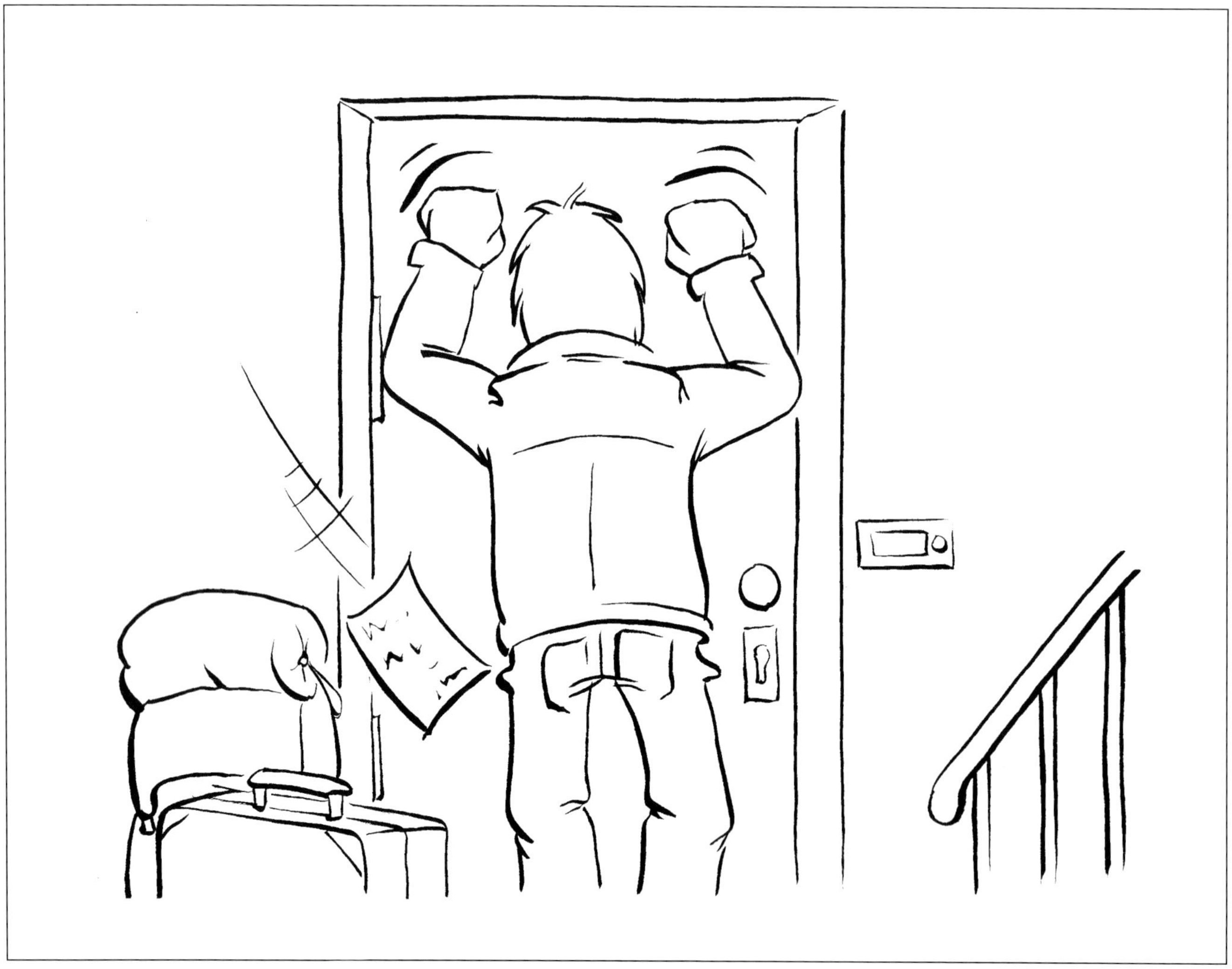

Benehmen? Wozu?

Leon bewundert Stefan, weil ihn jeder mag und er immer freundlich ist.

1. Was versteht ihr unter Manieren?

2. Schreibt auf, was euch zu „guten Manieren“ einfällt!

3. Schreibt auf, was euch zu „schlechten Manieren“ einfällt!

4. Wann sind gute Manieren wichtig?

5. Auf welche Manieren wird bei euch zu Hause Wert gelegt?

____

____

____

____

6. Auf welche Manieren legt ihr selbst großen Wert?
Schreibt sie für jedes Gruppenmitglied gesondert auf!

Name: ______________ legt besonders großen Wert darauf, dass

____

____

____

Name: ______________ legt besonders großen Wert darauf, dass

____

____

____

Name: ______________ legt besonders großen Wert darauf, dass

____

____

____

Name: ______________ legt besonders großen Wert darauf, dass

____

____

____

Diese Manieren wünschen wir uns …

… in der Schule:

… beim Essen:

… im Alltag:
(Supermarkt, Kino, Schwimmbad, Bus, Straßenverkehr, Freunde, Familie etc.):

Die Arbeit wird immer besser. Leon darf Radlader fahren. Er hört ein Gespräch mit, in dem sein Chef ihn lobt.

Jugendstrafrecht

1. Lies den Text!

2. Markiere die Antworten auf folgende Fragen im Text:

a) Für wen gilt das Jugendstrafrecht?

b) Wie heißt das Gesetz, das Jugendstrafverfahren regelt?

c) Wonach entscheidet der Richter über die Höhe der Strafe bei Jugendlichen?

d) Welchen Sinn verfolgt eine Jugendstrafe?

e) Welche Jugendstrafen gibt es?

Für Jugendliche, die zum Tatzeitpunkt zwischen 14 und 17 Jahren alt waren, gibt es ein eigenes Strafrecht. Es heißt **Jugendstrafrecht**. Dieses Strafrecht gilt auch für Heranwachsende von 18 bis 20 Jahren, wenn der Richter feststellt, dass sie sich wie Jugendliche verhalten, also unreif sind.

Es gibt ein eigenes Gesetz für **Jugendstrafverfahren**. Dieses Gesetz heißt **Jugendgerichtsgesetz** (JGG).

In diesem Gesetz sind besondere Strafen für Jugendliche festgehalten, die es für Erwachsene nicht gibt.

Während sich die Höhe der Strafe bei Erwachsenen nach der Schuld des Täters richtet, steht im Jugendstrafrecht die Erziehung im Vordergrund. Für die Auswahl, welche Folgen eine Tat nach sich zieht, ist nicht die Tat, sondern die Persönlichkeit des Jugendlichen entscheidend.

Die Maßnahmen des Gerichts sollen dem Jugendlichen dabei helfen, auf den richtigen Weg zu finden und zukünftig keine neuen Straftaten mehr zu begehen.

Jugendliche werden häufig zu sozialen Arbeitsstunden, für die sie kein Geld bekommen, zu einer sozialen Gruppenarbeit oder zur Teilnahme an einem Anti-Aggressionstraining verurteilt.

Auch Geldbußen können verhängt werden, die der Jugendliche selbst bezahlen muss (nicht die Eltern!). Der Jugendliche kann diese in Raten abbezahlen.

1.  **Schneide die Bilder aus!**

2. 

Ordne sie in der richtigen Reihenfolge!

In Hamburg lebt Leon von Diebstählen und vom Betteln. Eines Tages überfallen er und seine Kumpel wieder eine Tankstelle und einen Supermarkt. Diesmal werden sie alle von der Polizei geschnappt.

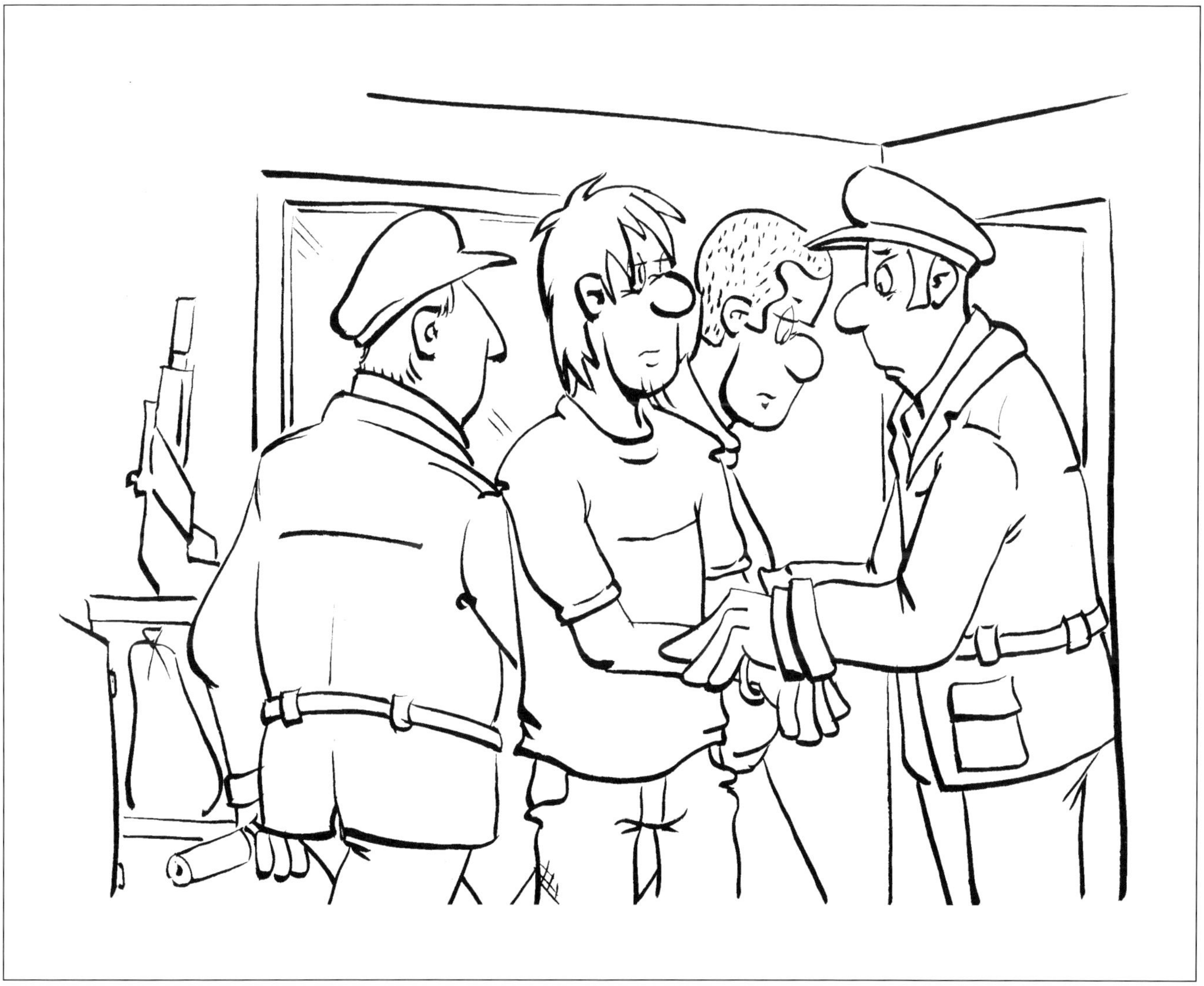

Wie war das noch?

1. **Nach seinem Schulabschluss hat Leon frei. Beschreibe, was er in den Ferien macht!**

2. **Seine Freunde Kira und Onur haben folgende Pläne:**

3. **Wen lernt Leon kennen?**

4. **Was macht Leon mit seinen „neuen Freunden"?**

5. **Was genau ist dabei Leons Aufgabe?**

6. **Die Polizei taucht plötzlich auf. Beschreibe, was passiert!**

7. Wie verhält sich Leon bei der Polizei?

---

8. Es finden viele Gespräche statt. Leon bekommt einen Sozialpädagogen, der ihm helfen soll, sich zu bewähren. Welches Angebot macht dieser Leon?

---

9. Beschreibe, wie Leon darauf reagiert!

---

10. Welche Arbeiten bekommt Leon dort zunächst?

---

11. Beschreibe, wodurch Leon seine Meinung über das Praktikum ändert.

---

12. Erzähle, warum dieses Ende der Geschichte doch noch ein gutes Ende ist!

1.  **Schneide die Bilder aus!**

2.  **Ordne sie in der richtigen Reihenfolge!**

3. **Klebe die Bilder in der richtigen Reihenfolge in die Kästchen!**

4. **Schreibe Stichworte zu jedem Bild auf! Was genau ist passiert?**

1

2

3

4

5

6

7

8

1.  **Schneide die Bilder aus!**

2.  **Ordne sie in der richtigen Reihenfolge!**

Leon bekommt einen Ausbildungsplatz zum Garten- und Landschaftsbauer angeboten.

Wie ist es denn im Knast?

1. **Wie stellst du dir den Alltag im Jugendarrest vor?
Skizziere in Stichworten den Tagesablauf in deiner Vorstellung!
Überlege: Wann muss man aufstehen und zu Bett gehen?
Wann hat man Ausgang? ...**

   Wecken um ________ Uhr, dann ______________________________

   ____

   ____

   ____

   ____

   ____

2. **Informiere dich im Internet über den Tagesablauf im Jugendarrest.
Gehe dazu auf www.podknast.de!**

3. **Hör dir die Podcasts der Jugendlichen an!**

4. **Beschreibe nun in Stichworten den „wirklichen“ Tagesablauf im Jugendarrest!**

   ____

   ____

   ____

   ____

   ____

   ____

   ____

5. **Sprecht in der Gruppe oder mit der Klasse:**
   - **Hattest du dir den Alltag im Knast so vorgestellt?**
   - **Was hat dich besonders beeindruckt/schockiert?**

1.  **Schneide die Bilder aus!**

2. 

Ordne sie in der richtigen Reihenfolge!

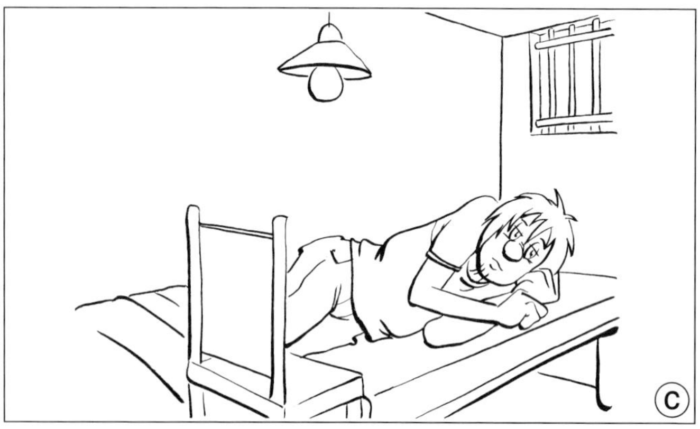

Leon muss eine 4-wöchige Jugendhaftstrafe absitzen. Der Gefängnisalltag ist hart.

Name: **Kapitel:** Datum:

3. Klebe die Bilder in der richtigen Reihenfolge auf!

4. Schreibe zu jedem Bild wichtige Stichpunkte auf!

1

2

3

4

Kapitel 1

M 1.1

1. Telefonat, durch Bekannte, Nachfragen in Betrieben
2. Vorteile Telefonat:
   - Ich kann nachfragen, ob es überhaupt einen Platz gibt
   - Ich erspare mir unnötige Wege
   - Ich kann schon vorher abklären, ob der Platz überhaupt für mich geeignet ist

   Nachteile Telefonat:
   - Ich lerne weder Betrieb noch Chef persönlich kennen
   - Unpersönlich
   - Kann leichter zu Missverständnissen führen

   Vorteile persönliches Gespräch:
   - Ich lerne Mitarbeiter und Chef kennen
   - Ich kann mir einen besseren Einblick in meine Praktikumstätigkeit verschaffen
   - Ich weiß schon, wie ich hinkomme und wie viel Zeit ich dafür benötige
   - Höflich

   Nachteile persönliches Gespräch:
   - Ich gehe evtl. umsonst zum Betrieb, wenn es keine Plätze gibt

M 1.5

d, b, c, a

Kapitel 2

M 2.1

Friseurin, Kfz-Mechatroniker ... sind ungeeignet, da das Arbeiten in diesen Berufen eine höhere Qualifikation verlangt.

M 2.8

b, d, c, a

Kapitel 3a

M 3a.3

Leon kaute nervös an seinem Daumennagel. (S. 18, Z. 8)
Da war immer noch das mulmige Gefühl in seinem Bauch. (S. 19, Z. 1/2)
Die Cornflakes wollten ihm nicht so recht schmecken. (S. 19, Z. 5/6)
Das blöde Gefühl war immer noch da. (S. 19, Z. 6)
Allerdings konnte die Zigarette ihn auch nicht beruhigen. (S. 19, Z. 9/10)

M 3a.5

b, c, d, a

Kapitel 3b

M 3b.1

1/a, 2/b, 3/a, 4/c, 5/a, 6/b, 7/b, 8/d, 9/a

M 3b.2

Z. B.: Ich habe keinen Bock, deren Putzfrau zu sein. Ich gehe auf keinen Fall zurück und entschuldige mich. Die können mich alle mal. Hoffentlich taucht Herr Lahm hier nicht auf. Ob die Herrn Lahm von meinem Ausraster erzählt haben? Meinem Vater werde ich nichts davon sagen, dem bin ich doch sowieso egal ...

M 3b.3

c, b, d, a

Kapitel 4a

M 4a.1

1. Er hat freiwillig gefegt und aufgeräumt, war immer pünktlich, hat sich selbst Arbeit gesucht, hat freiwillig die Farbdüsen gereinigt ...

2a)
- nachfragen, wenn man etwas nicht versteht
- Mitarbeiter und Chef immer begrüßen und verabschieden
- pünktlich sein
- Arbeit „sehen“ (aufräumen und sauber machen passt immer)
- freundlich und gesprächsbereit sein
- Interesse zeigen/Fragen stellen

2b)
- während des Praktikums regelmäßig führen
- sauber und ordentlich schreiben
- Extras wie Prospekte etc. einheften
- ggf. kleine Zeichnungen machen
- ggf. von jemand anderem auf Rechtschreibfehler durchsehen lassen
- pünktlich beim Lehrer abgeben

M 4a.4

d, b, a, c

Kapitel 4b

M 4b.3

d, a, b, c

Kapitel 5

M 5.2

d, b, c, a

Kapitel 6a

M 6a.2

1. Leon hat sein Praktikum in einer Motorradwerkstatt gemacht.
2. Herr Lahm wollte, dass die Schüler ihr Praktikum in Berufen machen, in denen sie später vielleicht auch arbeiten können. Der Beruf Zweiradmechaniker verlangt eine höhere Qualifikation.
3. a) Leon fühlte sich als Putzfrau ausgenutzt.
   b) Das Fegen hat Leon gelangweilt.
   c) Er fühlte sich von seinen Kollegen und vom Chef schlecht behandelt.
4. Leon sprach mit seinem Freund über die Situation. Onur redete ihm zu, sich zu entschuldigen. Leon entschuldigte sich daraufhin bei seinem Chef und bei Martin.
5. Leon durfte sein Praktikum dort weitermachen. Er bekam eine gute Note.
6. Leon bekommt einen Platz im Berufsbildungswerk angeboten.
7. Er soll dort eine Ausbildung zum Bäckerwerker machen.
8. Leon zögert, weil sein Berufswunsch eigentlich ein anderer war. Er ist aber bereit, es sich mal anzusehen.

M 6a.3

c, b, d, a

Kapitel 6b

M 6b.2

1. Sie ziehen Kinder ab und bestehlen sie.
2. Sie riskieren, von der Eltern der Kinder angezeigt zu werden
3. Leon begeht eine Straftat. Abziehen und Erpressen sind Verstöße gegen das Gesetz und werden von der Polizei als Straftaten verfolgt.

M 6b.3

d, a, b, c

Kapitel 7a

M 7a.2

a, b, c, d

Kapitel 7b

M 7b.1

1. Leon beklaut und erpresst Kinder; er plant einen Überfall.
2. Vorteile: So kommt er schnell und ohne Arbeit an Geld.
   Nachteile: Eltern könnten ihn anzeigen, er könnte bei der Polizei aktenkundig werden.
3. Leon könnte sich einen Ferienjob suchen, Zeitungen austragen, Rasen mähen etc.
4. Vorteile: Leon hätte ehrlich verdientes Geld und ein gutes Gewissen.
   Nachteile: Arbeiten ist anstrengend. Er hätte weniger Freizeit.

M 7b.2

1/c, 2/b, 3/a, 4/c, 5/b, 6/a, 7/c, 8/c, 9/b

M 7b.3

c, a, d, b

Kapitel 8a

M 8a.4

b, c, a, d

Kapitel 8b

M 8b.2

1. Leon hat den Überfall vorsätzlich begangen, weil er ihn geplant begangen hat. Seine Absicht war, an Geld zu kommen.
2. Ein Überfall ist ein Verbrechen.
3. Leon zählt als Jugendlicher und kann nach dem Jugendstrafrecht verurteilt werden.
4. Leon hat einen Raub und räuberische Erpressung versucht.

M 8b.3

b, a, c, d

Kapitel 9a

M 9a.1/M 9a.2

Richtige Antworten sind fett gedruckt.

M 9a.3

d, b, a, c

Kapitel 9b

M 9b.4

b, c, a, d

Kapitel 10a

M 10a.3
b, d, a, c

Kapitel 10b

M 10b.2
d, a, b, c

Kapitel 11a

M 11a.5
b, d, a, c

Kapitel 11b

M 11b.2
c, d, b, a

Kapitel 12a

M 12a.1/M 12a.2

1. Leon trifft sich mit seinen Freunden im Schwimmbad. Dort ziehen sie kleine Kinder ab.
2. Onur hat ein Langzeitpraktikum als Maler und Lackierer bekommen und Kira wird ein Ausbildungsplatz als Beiköchin angeboten.
3. Leon lernt Fabian, Hakan und Mike kennen.
4. Leon und seine Freunde überfallen eine Tankstelle.
5. Leon soll das Zigarettenregal ausräumen.
6. Leon läuft weg, fällt aber über ein herumstehendes Fahrrad und wird von der Polizei geschnappt.
7. Bei der Polizei schweigt Leon.
8. Stefan bietet Leon ein Praktikum zur Bewährung in einem Garten- und Landschaftsbaubetrieb an.
9. Leon ist nicht begeistert, geht aber trotzdem hin.
10. Dort muss er zunächst fegen und Blumen wässern.
11. Sein Chef lässt ihn Radlader fahren und lobt ihn, als Leon bemerkt, dass Öl nachgefüllt werden muss.
12. Leon bekommt einen Ausbildungsplatz angeboten und kann sich nun auf ehrliche Weise sein Geld verdienen.

M 12a.3
h, a, d, c, e, b, g, f

M 12a.6
a, b, d, c

Kapitel 12b

M 12b.2
b, d, a, c